ENCORE UN MOT

SUR L'EXCELLENCE

DE LA GUERRE

AVEC L'ESPAGNE.

DE L'IMPRIMERIE DE DAVID,
RUE DU POT-DE-FER, N° 14.

ENCORE UN MOT

SUR L'EXCELLENCE

DE LA

GUERRE AVEC L'ESPAGNE;

Par A. L. B.

Est-il quelque danger qu'à présent je n'affronte ?
Approchez, Navarrois, Mores et Castillans,
Et tout ce que l'Espagne a fourni de vaillans.

Le Cid.

Prix : 1 fr.

A PARIS,

CHEZ LES MARCHANDS DE NOUVEAUTÉS,

Et chez tous les Libraires du Palais-Royal.

MARS 1823.

ENCORE UN MOT

SUR L'EXCELLENCE

DE LA

GUERRE AVEC L'ESPAGNE.

Graces au ciel, ma voix n'a pas été la Voix criant dans le désert. Ma brochure et les oraisons de mon révérend Père en Dieu, D. Antonio Maragnon, ont triomphé de tous les préjugés, vaincu toutes les résistances ; et sauf quelques enragés de modérés, qui poussent de pacifiques vociférations, je ne connais personne, sous quelque bannière qu'il soit rangé, soit qu'il se pique de raisonner, ou qu'il ait assez de jugement pour renoncer à l'usage de la raison , comme le veut M. l'abbé de la Mennais, qui, dans le fond de sa conscience, ne soit convaincu précisément autant que moi, et de la même manière que

moi, de l'*Excellence de la guerre d'Es-*
pagne.

On sera peut-être étonné que je m'accorde
tant d'importance; mais depuis que j'ai vu à
quel point les provinces basques sont bien
administrées, je suis resté convaincu que
pour être bien servi, il faut se servir soi-
même. J'ai examiné la plupart des réputa-
tions européennes qui ont été fabriquées
depuis quelques années, et j'ai vu que les
mieux faites étaient celles qui avaient été
conditionnées par ceux-là mêmes à qui elles
appartenaient. Ce n'est pas le cas de dire que
les cordonniers sont les plus mal chaussés.
Dans les éloges que les parens, les amis, les
créatures poussent à un grand seigneur ou à
un pauvre diable d'homme de lettres, on voit
toujours un petit bout de restriction, ne fut-
ce que par un silence adroit; ou bien on rencontre des exagérations si excessives, qu'ex-
cepté la personne louée (grands seigneurs,
femmes et auteurs ont pour cela une grâce
d'état), tout le monde croit qu'on se moque
d'elle. Aussi, quand on lit dans les journaux,
qui sont, comme on le sait, les émonctoires
de la renommée, un éloge bien franc, bien

consciencieux, d'un discours académique, d'un arrêté, d'un onguent pour les cors, d'un roman nouveau, d'une circulaire, d'un vaudeville, pas un lecteur ne s'y trompe. Chacun s'écrie : on voit bien de qui est l'article; et lors même qu'il est signé, on découvre à travers la signature ostensible, le nom de l'homme pour et par qui il a été rédigé.

Et comment pourrai-je ne pas être glorieux, lorsque j'ai lu dans les journaux que mon ouvrage a fourni de bons argumens en faveur de cette délicieuse guerre? c'est à moi qu'on a emprunté l'idée que la campagne que nous allions faire, physiquement et matériellement la même que sous Napoléon par les circonstances physiques, en différait intellectuellement et par les circonstances morales. Et certes, ce n'était pas une découverte peu utile. J'ai depuis trouvé d'autres petites différences dont je rendrai compte, trop heureux que mon génie fournisse des armes à la bonne cause.

C'est encore moi qui ai dit le premier, que la guerre nous était avantageuse par la dépréciation de nos rentes, attendu le profit qu'en tirera la caisse d'Amortissement en les rachetant à meilleur marché. Je ne tiens pas à la gloriole ; je fais le sacrifice de mon illustration au bien public ; mais j'aurais bien mérité une petite mention honorable pour avoir créé ce raisonnement. Je vais développer l'opération en chiffres, pour rendre plus palpable l'avantage qui doit en résulter.

Perte sur 19,000,000 fr. de rentes découvertes (1) l'année passée, pour être vendues cette année . . . . 38,000,000 f.

Dito, sur 4,000,000 fr. récemment découverts. . . . 8,000,000

Total 46,000,000

La Caisse d'amortissement aurait acheté à 92 fr. 3,470,000 de rente, ci. 3,470,000

à 82 fr. Elle en achetera. . 3,730,000

Différence. 260,000

au capital de 4,264,000 fr.

Ce qui élève le bénéfice total de l'opération à la quantité négative de. . . . 41,736,000 f.

(1) Chacun sait qu'on ne crée pas la vérité, on ne fait que la découvrir ; or des rentes inscrites sont des vérités et des vérités dures. Les rentes qu'on crée sont celles qu'on vend chaque jour à terme, à prime, fin courant, fin prochain ;

Mais si j'ai eu de la satisfaction, j'ai éprouvé aussi quelque peine, lorsqu'on m'a appris que j'étais accusé d'avoir attaqué une classe d'agens publics, payés par l'État, qui ne prennent, il est vrai, aucune délibération, mais qui font à l'autorité les rapports sur lesquels elle prononce. On sent bien que je respecte trop la chose jugée, pour qu'il soit question des censeurs dramatiques; en effet, j'ai seulement dit qu'un pauvre diable avait quitté le métier de mouchard et s'était fait voleur, afin de pouvoir vivre honnêtement. Mais il est évident que cet adverbe, là, comme dans les vers de Racine qui me servaient d'épigraphe, n'indiquait autre chose que vivre dans l'aisance. Quelque présomption que je puisse avoir, à Dieu ne plaise que je portasse jamais l'outre-cuidance jusques à décider laquelle de ces deux professions exige plus de probité!

Non nostrum inter eos tantas componere lites.

J'ai le malheur de ne pouvoir guère avoir

qui n'ont d'existence que dans les idées de ceux qui les vendent sans les avoir, et de ceux qui les achètent sans les payer.

affaire aux voleurs, mais comment a-t-on pu croire que je voulusse attaquer la classe des espions? moi qui les vois à toute heure, en tous lieux, qui parie pour eux à l'écarté dans les sallons, qui fume à côté d'eux mon cigarre à l'estaminet! Il est vrai et je dois l'avouer, je puis dire d'eux comme J.-B. Rousseau d'autres classes de personnages :

> . . . . Je les vois volontiers,
> Mais pour rien ne le voudrais être.

Cependant cela n'ôte rien à la vénération que je professe pour eux et dont je délivrerai acte à la première réquisition. Il est une autre classe d'agens de l'autorité bien plus honorable encore, et qui devait fournir un individu aux sept hommes nécessaires dans chaque département pour le faire bien penser; ce sont messieurs les exécuteurs des jugemens criminels. M. de Maistre a fait leur éloge de la manière la plus sentie. Il a montré tout ce qu'il y a de beauté poétique dans leur profession, de romantique dans leur existence, il les a élevés au-dessus de l'humanité, et cependant n'eût pas voulu être

bourreau, pas même pour brûler un janséniste.

Je remets donc la plume à la main, ou si l'on veut, la main à la plume (cela m'est absolument égal). Il faut suppléer au silence de la tribune ; d'autres courent la même carrière, et je ne veux pas me laisser de-vancer.

Le vilain MarAt, pour que les blessures qu'il fait soient plus sûrement meurtrières, a délayé dans sa salive, la fange de son en-crier ; et il marche la tête levée, bien sûr que personne n'osera le fouler aux pieds, de peur de crotter ses bottes.

Le diplomate marron, s'apprête à publier une nouvelle note secrète. Il attaquera encore la Charte ; et pour que personne ne puisse se méprendre sur le sens de ce mot, il dira qu'elle est *une odieuse garantie des intérêts matériels créés par la révolution*, ce qu'à moins d'être dépourvu de mémoire, personne n'appliquera à la constitution d'Espagne ni à celle de Wurtemberg, vu que celles-là ne peuvent garantir des intérêts matériels, qui n'ont jamais été créés. Nous verrons comment la nôtre s'en tirera.

La charte, dans ces jours de deuil et de souffrance,
Aura contre elle Achille, et pour elle la France ;
Mais quoique seul contre elle, Achille furieux,
Epouvante la France et partage les dieux.

Le père Duchêne s'apprête à lancer de nouveaux carreaux. Il est vrai que depuis quelques demi-décades, il chauffe ses fourneaux d'un autre bois, et l'on a grand lieu de craindre, maintenant que la foudre est à la Rose, qu'elle ne perde en vogue ce qu'elle gagnera en esprit.

Un commis littérateur qui se fait tout blanc de son indépendance, depuis qu'il sait combien elle lui rapporte par mois, prépare des phrases qui auront un *sens positif au* (1) rétablissement des anciens us et coutumes de la France, et pelotera en attendant partie, en vantant les vieilles institutions de la monarchie aragonaise, et le *fuero de la union*, en vertu duquel *toutes les fois que le roi*

(1) J'ai fait observer à l'auteur que cette expression n'était pas correcte, et que le *sens positif au*, était un sens qui n'avait pas de sens. Il m'a répondu que mes scrupules étaient d'un janséniste ; et que si la phrase n'était pas d'un bon français, elle était d'un français probable, ce qui suffit dans la pratique. *Quod sufficit in praxi.* (Note du prote.)

violait leurs priviléges, les Aragonais pouvaient en élire un autre, encore qu'il fût payen. Il regrettera même les temps où Ferdinand, dit le catholique, roi légitime d'Aragon et usurpateur de Navarre, dont la réputation s'est préservée jusqu'à ce jour de l'imputation de libéralisme, disait à ceux qui lui conseillaient d'augmenter sa puissance : « Il faut que la balance du pouvoir soit toujours égale entre le Roi et la nation, pour que la possession du royaume soit tranquille, et sa prospérité durable. Lorsque l'équilibre est rompu entre eux, chacun cherche a recouvrer non-seulement l'égalité perdue, mais la supériorité, et de là vient la perte de l'un ou de l'autre, et souvent celle de tous les deux. »

Les voyez-vous comme ils s'avancent tous, sonnant des fanfares et récitant des litanies ? allons, compagnons de voyage, en avant !

Nous savons maintenant, grâce au ciel, les motifs de la guerre. Ce n'est pas que ce fût bien nécessaire, car ceux même qui prétendent qu'elle est impossible, avouent qu'elle est inévitable. Mais nous avons eu la satisfaction d'apprendre que par supplément aux intérêts moraux, nous y étions déterminés

par un intérêt positif, le désir de faire changer la législation des douanes espagnoles.
Parmi tous les objets d'exportation dont la
liste complète eût été encore assez longue,
l'homme de France qui est le moins intéressé
à tout ce qui regarde les bêtes, a surtout ap-
puyé sur le profit que nous retirions de ces
animaux, que le prince Hana, beau-frère
d'Ésaü, trouva dans le désert en paissant les
ânes du prince Tsibhon son père. (Gen.
XXXVI. 25.) Il n'est pas étonnant que l'ingé-
nieux orateur ait donné tant d'importance à
cet article, il savait qu'il parlait par la fenêtre,
et que (hors des chambres) la plupart des
partisans de la guerre, nourrissent en faveur
des mulets une affection vraiment paternelle.

Il est bon en effet d'avoir plusieurs cordes
à son arc; il faut prévoir l'avenir et varier les
prétentions pour avoir plus de chances favorables. On sait de quelle manière les guerres
d'intervention commencent, on ne sait pas
comment elles finissent. Phillippe II intervint
dans la guerre de la ligue pour faire tomber
la couronne de France sur la tête de sa fille,
et grâce à ses constants efforts, Henri IV con-
serva sa couronne. Charles IV intervint dans

la guerre de la révolution, et la soutint avec
une fermeté qui valut à la France la partie
espagnole, de St.-Domingue, qu'elle laissa
prendre et la Louisiane qui fut honteusemeut
vendue après avoir été glorieusement acquise.

Mais les motifs moraux sont toujours les
plus puissans. Lorsqu'on s'occupe de l'acqui-
sition d'un port de mer, d'une île, où de la
prohibition d'entrée d'un mulet, ces objets
bornés et matériels, désenchantent l'imagi-
nation en limitant son essor. L'homme,
comme l'a dit Fénélon, est fait pour l'infini,
tout ce qui circonscrit ses pensées affaiblit
l'énergie de sa volonté. C'est ce que l'on ne
connaît pas, ce que l'on ne peut connaître
qui enflamme l'esprit, qui touche le cœur,
qui excite l'enthousiasme. Moins une idée
a de réalité, plus nous y mettons du nôtre,
plus nous nous la rendons propre, plus nous
l'affectionnons. Les plaisirs physiques promis
par Mahomet aux Musulmans, n'échauffent
pas leurs têtes au même degré que le paradis
contemplatif des docteurs de l'église catholique; aussi n'est-il point de fakirs, qui se
condamnent à des supplices aussi atroce-
ment inutiles que les trappistes de l'abbé de

L...... Quelles sont les occasions où les peuples ont montré vraiment du goût pour faire la guerre? Ce n'est pas lorsqu'il a fallu faire des conquêtes réelles, combattre pour des intérêts positifs, c'est lorsqu'on a voulu savoir:

Lequel d'Omar, ou d'Ali, était le vrai successeur de Mahomet;

Si un être que nous ne pouvons connaître était uni par un rapport que nous ne concevons nullement et que nous appelons *procession* à un, ou à deux autres êtres également incompréhensibles;

Comment quelque chose que nous comprenons à peine (la nature humaine), était unie à quelque chose que nous ne comprenons pas du tout (la nature divine);

Si l'on pouvait souper avec du pain sec, et si l'idée de la boisson n'était pas comprise dans celle du repas.

Voilà vraiment les questions graves, les questions importantes dignes d'occuper les peuples, de faire tout retentir du bruit des armes, de semer la discorde entre les peuples voisins, entre des provinces limitrophes, entre les habitans d'un même pays, les membres d'une même famille; voilà des querelles

pour lesquelles il y a de l'honneur à sacrifier
sa vie et son repos. C'est là qu'on trouve ce
vague romantique si admirable dans les mani-
festes et les opéras-comiques; c'est là que l'on
est à l'abri de la pernicieuse influence de cette
malencontreuse raison qui veut tout soumet-
tre à ses règles froides et dures comme la mort.
Invisibilia non decipiunt, disait Swift.

Par malheur, et Montaigne et Bacon, et
Bayle et Descartes surtout, suivis d'une foule
d'autres ont cherché à désenchanter la vie et
n'y ont que trop réussi. On ne trouve à présent que trop de gens qui conçoivent à peine
comment l'Europe entière a pu s'ébranler
autrefois pour aller disputer aux Sarrasins
l'emplacement d'un cercueil vide. Pourvu
que la perversité n'augmente pas encore!
pourvu que les querelles politiques qui ont
si bien remplacé les querelles théologiques,
ne tombent pas dans le même discrédit!
pourvu que dans quelques siècles d'ici, on ne
regarde pas comme une chose aussi insensée
de se battre pour ou contre un principe de
gouvernement, que de se battre pour ou contre un dogme religieux! peut-être, hélas! ce
temps s'approche, le ciel irrité de notre tiédeur

nous refusera sa protection : on ne fera plus la guerre que lorsqu'il y aura à la faire plus d'avantages que d'inconvéniens; c'est-à-dire qu'on ne la fera plus du tout, et qu'on ne verra plus de soldats que dans les bals et les mascarades.

Profitons en attendant du moment qui nous reste, et avant que le règne des billevesées soit passé, rompons encore des lances pour elles. Aucuns prétendent que c'est une duperie; que si l'on tient encore au système déplorable qui plongea dans les ennuis la vieillesse de Louis XIV, qui ternit l'éclrt d'un règne si long-temps brillant, et qui fit descendre la France du haut rang où l'avait placée le dernier quart du dix-septième siècle; si l'on tourne ses regards vers le midi, où, malgré le mot attribué par Voltaire à Louis-le-Grand, il y aura toujours des Pyrénées (1), au lieu de les porter vers le berceau de la monarchie, vers ces lieux où régna Chilpéric, sur les

(1) Le mot est du ministre espagnol à Paris, qui en apprenant que le duc d'Anjou acceptait les quatorze couronnes que lui léguait Charles II, s'écria : *se han hundido los Pyreneos;* les Pyrénées se sont abymées, ou ont été englouties.

bords de cette rivière azurée dont les bords couverts d'iris jaunes, nous ont donné les fleurs de *Lis* d'or en champ d'azur, vers une contrée toute française par la race, les mœurs et la langue, vers ce pays que l'habile Louis XI voulait rendre à l'état dont il était un démembrement, où Coligny voulait conduire les armées de Charles IX, au moment où ce roi le fit assassiner, où Henri IV allait mettre le sceau à la réputation qu'il avait méritée du plus grand capitaine de l'Europe, lorsqu'il fut prévenu par les jésuites; si l'on veut mener encore les Français où échouèrent et la vaillance de Roland, et le génie du grand Condé, et la fortune de Napoléon, il vaudrait mieux que le prince qui va y commander cent mille Français allât revendiquer comme époux, les droits imprescriptibles de l'auguste héritière de Jeanne Ire, reine de Navarre, de l'héroïque petite-fille de Jeanne d'Albret et de Marie-Thérèse, droits tellement évidens, même en Espagne, que Ferdinand qui avait usurpé ce royaume, et ses quatre successeurs chargèrent toujours, au lit de mort, leurs héritiers de le restituer pour l'acquit de leur conscience; qu'il vaudrait mieux rappeler que la Catalogne fut long-temps une partie de la France, qu'elle se donna à Charlemagne qui y établit des comtes, qu'elle se donna depuis à Louis XIV, etc. Ils disent encore que la France toujours protectrice des opprimés, si elle veut faire la guerre pour satisfaire un besoin impérieux, peut rompre avec l'Espagne sous des couleurs plus populaires; que Louis XVIII qui a consolidé en France l'établissement de la liberté intérieure commencée par son infortuné prédécesseur, peut aussi terminer dans le Nouveau-Monde, l'œuvre de son affranchissement, si glorieusement commencée par Louis XVI, et conformément aux antiques lois de Charles-Quint, qui avait constitué ses domaines d'outre-mer en royaumes indépendans, aider ces superbes contrées à s'affranchir, non de l'autorité des Bourbons, mais de la domination exclusive et tyrannique des monopoleurs de la Péninsule.

Ils disent qu'il vaudrait mieux dans tous les cas, faire la guerre à l'Espagne qu'à la révolution, parce qu'on sait ce que, dans les chances les plus déplorables, on peut avoir à craindre de l'Espagne, tandis qu'on ne sait pas où peuvent s'arrêter les prétentions d'un ennemi métaphysique. Ils ajoutent qu'il est naturel que des capitaines de corsaires accoutumés à jouer tous les jours leur vie, jouent aussi tout leur argent sur une carte; mais qu'un propriétaire ne doit risquer que le superflu de son revenu ; que Napoléon, enfant de la fortune et de la faveur populaire, pouvait faire son va-tout à toutes chances; mais qu'une monarchie héréditaire depuis huit cents ans a plus de précautions à prendre.

Ils disent..... mais je ne finirais pas. Il est plus simple de réfuter toutes les objections à la fois, en répétant un seul mot : l'honneur.

Ce que cette réfutation a de commode, c'est qu'elle est péremptoire, qu'il ne reste plus rien à répondre, et qu'on n'a pas même besoin de l'expliquer. L'honneur est un principe de conduite qui de sa nature est si vague, qui a des lois si arbitraires, que chacun peut, à sa guise et selon ses besoins, l'étendre et le restreindre comme il lui plaît. Il a un pouvoir magique; et si magique, que de même que la puissance des sorcières de la Thessalie, il ne consiste que dans des mots que chacun interprète à sa manière. Les officiers, prisonniers à Baylen, revinrent en France sur leur parole d'honneur de ne plus servir contre l'Espagne, Napoléon, grand-maître de la légion-d'honneur, les obligea d'y revenir.

L'honneur d'un jeune homme et celui d'une jeune fille, ne se conservent pas, ne se perdent pas de la même manière.

L'honneur d'un négociant est à ne pas laisser protester sa signature; l'honneur d'un Français, quel qu'il soit, est à ne pas supporter des injures. L'honneur d'un licteur romain était à empoigner ceux qu'on lui désignait; l'honneur d'un sénateur à attendre les dangers sur sa chaise curule.

M. Lenoir, lieutenant de police, avait donné un ordre à une femme d'une profession peu honorable; elle promit sur son honneur de l'exécuter. Le magistrat se prit à rire. « Oui, monseigneur, répondit-elle, mon honneur est à ne pas être mise à la salpêtrière.

L'honneur de Vatel, maître-d'hôtel du grand Condé, était à ce que le rôti ne manquât pas aux dernières tables plus qu'aux premières. L'honneur de la minorité d'une chambre est à défendre avec courage le terrain sur lequel elle s'est placée. Celui de la majorité est à ne pas abuser de son pouvoir.

L'honneur d'un ministre est à ne pas passer pour incapable, nonobstant le précepte de la sagesse divine : *Auprès du roi, ne cherche point à passer pour habile.* Son honneur est surtout à savoir quitter sa place au moment favorable.

Il y a encore bien d'autres espèces d'honneur. On en rencontre de toutes les sortes; on prétend même qu'on en trouve à tous prix.

Indépendamment de l'honneur individuel, il existe encore un honneur sympathique; nous ressentons les offenses faites à nos parens, à nos amis; et comme nous sommes tous de la même famille, et que de proche en proche, tout le monde est notre prochain, suivant que notre sensibilité est plus ou moins exaltée, notre fibre nerveuse plus ou moins irritée, nous pouvons trouver notre honneur intéressé aux faits qui nous semblent d'abord les plus étrangers. On assure qu'un sapeur-pompier s'est jeté par une fenêtre, se croyant déshonoré, parce que le nouveau théâtre de Munich avait été détruit par un incendie; et je connais un gros marchand de bois de la chaussée d'Antin, qui se noyera pour ne pas survivre à sa honte, si l'on acquiert la certitude que les équipages du commodore Parry aient péri dans la mer polaire, faute d'avoir de quoi se chauffer.

L'honneur parle, il suffit : ce sont-là nos oracles.

Et on dit qu'il dit de marcher contre l'Espagne. Il avait, en 1808, conté la même chose à Napoléon.

Cependant cette guerre ne sera pas semblable à la première, indépendamment des différences morales dont j'ai parlé ailleurs, il y aura bien des différences de détail.

Il est bien vrai que nous aurons à combattre le même gouvernement, les mêmes troupes, les mêmes généraux, à deux ou trois exceptions près :

Que nous avons pour alliés les mêmes puissances qui étaient les auxiliaires ou les adhérens de Napoléon, dans ce temps-là : l'Autriche, la Prusse, et la Russie :

Que les Espagnols se serviront du même motif qu'alors, l'indépendance nationale,

pour exciter les citoyens à défendre le terri-
toire :

Qu'ils auront pour auxiliaires ou pour adhérens ; les mêmes États qui l'étaient dans la
première, le Portugal et l'Angleterre :

Que , comme alors, nous prenons à notre
solde des soldats Espagnols, qui peut-être ,
comme alors, déserteront lorsqu'ils seront
habillés et armés, d'autant plus que, comme
alors, ils seront sous la direction des autori-
tés françaises, sous les ordres d'officiers français ; et qu'après le plaisir d'être pendu, qui,
dit-on, est à la vérité assez vif, il n'y en a pas
de plus grand pour un Espagnol que d'être
forcé d'obéir à un étranger. Aussi on compte
tellement sur eux qu'encore qu'ils soient
presque tous Catalans, on les envoie faire la
guerre en Biscaye, sans doute pour les empêcher de déserter en les éloignant de leur
pays (1) :

Que nous allons, tout comme du temps de

______

(1) Pour les mieux séduire, on vous les encadre dans des
régimens, on vous les soumet à la discipline de la ligne, et
s'ils ne désertent pas, on aura la gloire d'avoir changé de
bons partisans en de mauvais fantassins.

Napoléon, pacifier les Espagnols et nullement les conquérir. Chose autorisée par les précédens de l'histoire Espagnole, car Cortès ne s'empara du Mexique que pour remettre l'ordre dans l'empire de Moteuhsoma, (Montézume) lui faire faire la paix avec les Tlascalans et ses autres voisins, et comprimer les révoltes de la populace de Tenochtitlan. De quoi donc avaient à se plaindre les Castillans lors de l'aggression de Bonaparte? ne fallait-il pas que justice se fît? et punissant une invasion par une invasion, une perfidie par une perfidie, la Providence n'a-t-elle pas pu chercher dans là captivité des rois d'Espagne, une faible expiation dés chaînes d'or de Moteuchsoma et du lit de charbons de Quahtemoczin?

Rarò antecedentem scelestum,
Deseruit pœna pede claudo.

Voici maintenant les différences.

Ferdinand était retenu captif par Napoléon, ses sujets voulaient le délivrer. Maintenant nous sommes les libérateurs, et nous voulons le délivrer des mains de ses sujets,

qui, perdant la mémoire de leurs propres ser-
vices, gênent la liberté de ce monarque après
l'avoir mis sur le trône à l'aide de la violence,
par une émeute populaire, en arrachant du
front vénérable de son père une couronne
long-temps révérée; nous allons l'enlever à
ces mêmes cortès, qui, en osant lui donner
le nom de roi, nonobstant la révocation de
l'abdication paternelle, crurent pouvoir ne
lui accorder qu'une fraction de l'autorité, sur
laquelle il n'avait aucun droit légitime à ré-
clamer du vivant de Charles iv. Le roi de
France, disait Louis xii, ne venge pas les injures du duc d'Orléans, (ce que le grand Fré-
déric traduisait : Le roi de Prusse ne paie pas
les dettes criardes du prince Royal) de même
les effets de l'effervescence populaire dont
Ferdinand, prince des Asturies, pouvait
s'accommoder, ne sont plus que des offenses
pour Ferdinand, devenu enfin roi à titre héréditaire, par la mort de l'auteur de ses jours.
C'est ce qui a fait aussi que la Russie qui, à
Veliki-Louki, avait reconnu les Cortès, qui,
au congrès de Vienne, avait traité avec Ferdinand vii, quoiqu'à cette époque il n'eût
d'autre légitimité que celle qu'il tenait de la

révolté d'Aranjuez, ou celle que lui attribuait la constitution révolutionnaire, est devenue plus exigeante, plus scrupuleuse, depuis qu'il a eu de nouveaux titres.

La classe inférieure en Espagne, se refusa constamment à prendre le parti de l'intervention de Bonaparte. On ne pouvait retenir les soldats sous les drapeaux. En revanche, dans les classes supérieures de la société, un bon nombre d'hommes recommandables, forcés par leur position à reconnaître Joseph, lui restèrent constamment fidèles. Je ne parle pas seulement des grands et des seigneurs, comme le duc de T......, l'un des meilleurs cochers de Madrid, et du marquis de T...... aussi adroit *matador* de taureaux qu'il y en ait en Andalousie; mais les plus habiles militaires, O-Farrill, Morla, Navarro, Viruès, des savans distingués, Zea, Angulo, Llorente, Estrada, Cambronero, Luzuriaga, des littérateurs renommés, Moratin, Melendez-Valdez, Marchena, d'habilles administrateurs, Azansa, Urquijo, Almenara, Casa-Valencia, et une foule d'autres, furent toujours fidèles à leurs engagemens. Maintenant ce n'est plus cela; pas un grand n'a émigré, ceux même qui avaient cherché un refuge en France contre les persécutions, s'empressent de rentrer dans leurs foyers; sur deux seigneurs titrés qui sont de l'armée de la foi, l'un est le plus nouveau venu dans cet ordre. Il ne nous est arrivé que des soldats mourans de faim et demi-nuds, avec des essaims de ces pieux cénobites que les Espagnols appellent, avec peu d'élégance et d'urbanité, *los chinches* (les punaises) du corps politique. Nous avons de ce côté un grand avantage, car un misérable prolétaire vaut bien tout autant pour tirer un coup de fusil, qu'un avocat ou qu'un poëte; et quant aux *chinches*, ces prétendus insectes feront voir à ceux qui les poursuivent, qu'ils peuvent au moins empêcher de dormir, et qu'il est même désagréable de les écraser.

Encore en est-il parmi ceux-ci qui ont revêtu des armes plus redoutables. Le Trappiste, imitant l'exemple et non les conseils de l'abbé de Rancé, ayant vu que ses frères faisaient assez d'œuvres surérogatoires, a repris la vie des camps, comme son père spirituel. Armand de Bouthillier, lors qu'il fut bien sûr que ses moines se mortifieraient assez pour expier les péchés qu'il avait commis; revint à Paris faire la guerre, non avec l'épée, mais avec la plume, non pas aux *descaminados*, mais aux molinistes ; ce qui, quant à l'acharnement et à l'intention, est la même chose; car, opinion pour opinion, entre une guerre religieuse et une guerre de théories sociales, la différence ne vaut pas la peine de faire un choix (1). Le révérend D. Antonio s'immortalisé sur le champ de bataille, plus que son père spirituel dans la polémique ; aussi est-il invulnérable de sa personne, par une faveur divine, qui, cependant, n'a pas empêché qu'il n'ait eu dans une affaire, deux Franciscains tués sous lui en qualité d'aides-de-camp.

Parmi ces généraux auxiliaires, il nous est aussi revenu des Français. Quelles que soient

(1) Je suppose que D. Antonio Maragnon est de la réforme primitive. Il est à présumer qu'il n'appartient pas à la seconde; il n'aurait probablement pas repris les armes. On sait que sous la règle de D. Augustin, une grande extension a été donnée au précepte de l'église *abhorrebis à sanguine ;* et qu'il est observé dans tous les couvens de cet ordre avec une exactitude et par des moyens que n'avaient jamais deviné les pères ni les mères de l'église, depuis saint Ignace jusqu'à madame de G. Voyez : Promenade à la Trappe, des *Trappistines.*

les obligations qu'un enfant de la France a pu contracter envers un pays étranger, il est toujours du parti de sa patrie. Aussi, lorsque Napoléon entra en Espagne, la plupart des émigrés qui étaient restés au service de Charles IV, prirent parti dans nos rangs; le respectable marquis de S. Simon, le vicomte de Gand, le comte d'Espagne, et quelques autres voulurent rester fidèles à leur nouvelle patrie, mais le plus grand nombre eut encore du plaisir à se retrouver avec des soldats français. Je n'ai pas besoin d'ajouter que les Espagnols ôsèrent les blâmer et les accuser de la plus noire ingratitude, sous prétexte qu'ils avaient été accueillis dans leur exil, protégés, soutenus, élevés en grades.

Ce n'est pas que je mette beaucoup d'importance à la coopération de la nation espagnole, en tout ou en partie. D'abord, nul ne se fait partisan que parce qu'il n'a pas assez de docilité dans le cœur et dans les muscles pour être soldat. Aussi voyons-nous les émigrés espagnols divisés entre eux, comme l'étaient les émigrés français sur les bords du Rhin, comme l'étaient, plus d'un siècle auparavant, les réfugiés en Hollande. Auxiliai-

res pour auxiliaires, les Suisses, qui manœu-
vrent à merveille, ne sont pas *blagueurs*, et
n'ont pas le pied *poudreux*, vaudraient mieux
que les Espagnols. D'ailleurs, il est contre
les principes de s'occuper des peuples. Que
les Espagnols soient unanimes ou non, cela
ne fait absolument rien à la question de droit.
Dire qu'on est appelé par une portion du
peuple, c'est reconnaître à cette portion, et
par conséquent à l'autre le droit d'avoir un
vœu; c'est reconnaître implicitement la sou-
veraineté du peuple ; et je pense trop bien
pour cela. Il est reconnu, par les journaux
bien pensans, que l'adoption seule de ce
principe nous met en état d'hostilité contre
ceux qui le reconnaissent, et que si nous
n'allons pas combattre les États-Unis, c'est
pure tolérance de notre part.

Une troisième différence entre les deux
campagnes, c'est qu'à la première le gouvernement se retira à Cadix, au bout de l'Europe, de sorte que pour nous rapprocher de
lui, et savoir au moins des nouvelles des cortès, nous fûmes obligés de traverser toute
l'Espagne. Il paraît que cette fois les Espagnols nous éviteront cette course ; que le gou-

vernement s'établira à la Corogne, ce qui sera d'un grand avantage pour nos communications; aussitôt que nous nous serons emparés des ports fortifiés de cette côte, et ce qui d'ailleurs, nous rapprochant du Portugal, nous mettra à portée de faire peur à ce royaume et d'empêcher sa contre-intervention. D'ailleurs, la Galice est le pays le plus peuplé de l'Espagne, et par conséquent celui où l'on recueille le plus de subsistances. Il est vrai que ses habitans vivent en général de maïs et de racines, et qu'ils vont, lorsqu'ils veulent du pain blanc, le gagner, par leur travail, dans la Castille. Mais ces habitudes errantes, elles-mêmes, nous seront favorables, parce que des hommes, ainsi accoutumés à quitter leurs foyers, nous les abandonneront avec moins de peine.

Il est une quatrième différence, toute à l'avantage de notre armée. Bonaparte avait admis dans la sienne tout ce qui se présentait; pourvu qu'on eût des talens et du courage, on était employé; tel général impliqué jadis dans une conspiration contre lui : tel émigré, tel vendéen, dont les noms historiques ne promettait rien moins que de l'affection à l'usurpateur du trône des Bourbons, se battaient à merveille pour lui. On ne s'enquérait nullement des opinions, sous prétexte qu'elles n'ont jamais empêché un français de faire son devoir. On faisait, devant Cadix, des vœux pour les Espagnols, et personne ne s'en mettait en souci. Il faut avouer que cette indifférence, qui provenait peut-être du mépris que Napoléon avait pour les hommes, ne lui réussissait pas mal. Ceux-là même qui se permettaient de lancer des brocards sur son manteau impérial, se faisaient tuer pour lui, comme les élèves les plus aveuglément dévoués qu'eût envoyés l'école de Saint-Cyr. Il faut avouer aussi qu'il est d'autres exemples de faits pareils; que Kléber qui n'était pas autrement démocrate, se battait pour la république mieux que Rossignol, Santerre, l'Échelle et les officiers de leurs états-majors; qu'à Waterloo on a vu plus d'un Belge mourir bravement en combattant des Français dont au fond du cœur il désirait la victoire; enfin il faut avouer que Mᵉ le dauphin, père du roi, voyant sur un mémoire de madame de Maintenon, qu'on ne devait pas employer Catinat, quoique bon général, parce qu'il ne craignait pas Dieu, mit en marge ces paroles mémorables : S'il ne connaissait pas Dieu, il fallait le plaindre, s'il était bon général, il fallait l'employer.

On assure qu'à présent c'est bien différent; que suivant certain ordre du jour, pour avoir l'honneur de faire la guerre, il faut d'abord croire qu'elle est juste, et qu'on demande aux officiers d'autres preuves de royalisme que d'aller exposer leur vie pour exécuter les ordres du roi. Les chefs de corps qui ont agi ainsi, ont, à mon avis, très-bien fait. Depuis que nous avons mis le cœur à droite, il faut changer toutes les vieilles routines. On sent bien que l'obéissance passive du militaire est un principe révolutionnaire, et que pour affermir la monarchie, il est indispensable que les soldats soient appelés à sanctionner les délibérations du prince. Une fois qu'il sera établi qu'il faut être du parti du gouvernement pour faire la guerre comme officiers, il s'en suivra que le gouvernement ne pourra désormais la faire sans avoir l'approbation des officiers, ce qui est très-ingénieux. Dès que l'on compte l'opinion des individus pour quelque chose on lui donne du pouvoir; au reste ; l'*absolatisme* (ce mot n'est pas français) est compagnon du *Prétorianisme*.

Enfin la dernière différence, c'est que l'Angleterre, de 1808 à 1814, fit des efforts inouis d'hommes et d'argent pour l'Espagne et surtout le Portugal, et que cette fois-ci elle sera neutre, ou du moins en fera le semblant. En effet, le ministère anglais s'est mis évidemment dans l'impossibilité d'agir, ce qui est prouvé par le dilemme suivant :

Ou il approuve l'intervention en principe, ou il ne l'approuve pas.

S'il l'approuve, il est évident qu'il n'a qu'à se tenir coi, et nous laisser faire.

S'il ne l'approuve pas, il se contredirait en s'opposant à nous, car ce serait intervenir dans nos affaires intérieures, et nous pourrions lui dire : Si vous trouvez mauvais que nous intervenions, d'où vient que vous intervenez vous-même pour entraver notre intervention ?

Je n'affirmerai pas positivement que ce raisonnement fît reculer une escadre ; mais je suis sûr qu'une escadre ne détruirait pas ce raisonnement.

FIN.